In gleicher Ausstattung erschienen:

Neunundneunzig Zärtlichkeiten
Neunundneunzig Weisheiten
Neunundneunzig Gute Wünsche zum Geburtstag
Neunundneunzig Vergißmeinnicht
Neunundneunzig Anleitungen zum Glücklichsein
Neunundneunzig Worte der Freundschaft

Neunundneunzig Zärtlichkeiten

Gedichte für Sie und Ihn

von
Jörn Pfennig
Miriam Frances
Hans Kruppa

Schneekluth

Die Deutsche Bibliothek —
CIP-Einheitsaufnahme
Neunundneunzig Zärtlichkeiten
Gedichte für sie und ihn
München; Schneekluth, 1991
ISBN: 3-7951-1228-1

Umschlaggestaltung:
Knut Maierhofer

ISBN 3-7951-1228-1

Satz: MPM Wasserburg
Duck und Bindung: Ebner Ulm
Printed in Germany 1991

Eine Art Vorwort

Wenn man sagt, daß kleine Geschenke die Freundschaft erhalten, dann wird dieses Büchlein, zu dem zwei Dichter und eine Dichterin beigetragen haben, dem Sprichwort sicher ganz besonders gerecht. So klein ist das Geschenk aber gar nicht, wird der Beschenkte sicher merken. Da wird vom »Vertrauen« gesprochen, von »Verspäteten Wahrheiten«, es wird nach dem »Warum« gefragt, von »Berührungen« ist die Rede, vom »Handkuß«, dem »Abschied« und von der »Liebe«. Dieses kleine Buch spricht zärtlich von den großen Dingen.

Jörn Pfennig

Gedichte, die den Ton unserer Zeit treffen

Jörn Pfennig, Jahrgang 1944, ist in Tübingen geboren und hat dort studiert. Es gibt einen Fernsehfilm von ihm, Schallplatten — und natürlich Gedichte, die in einer Auflage von über 100 Tsd. erschienen sind.

*Grundlos zärtlich**
Gedichte, 112 Seiten, Ln, DM 22,–

*Keine Angst dich zu verlieren**
Gedichte, 96 Seiten Ln, DM 22,–

Hand aufs Hirn
Gedichte, 96 Seiten, Ln, DM 22,–

Abschied von der Männlichkeit
224 Seiten, Pb, DM 24,–

* Auswahl aus diesen Bänden

Leicht gesagt

Wenn man begriffen hat
daß Lieben wichtiger ist
als Geliebtwerden
ergibt sich das Geliebtwerden
ganz von selbst!

Vertrauen

Es ist schön
sagst du
Vertrauen zu haben –
dann hab es doch!
Was ist die Enttäuschung
– von der du nicht weißt
ob sie passiert –
gegen das Gefühl
Vertrauen zu haben?

Ich möchte dir nicht helfen …

Ich möchte dir nicht helfen
wenn du meine Liebe willst
heute nacht
du mußt es ja nicht sagen —
ich weiß, das ist sehr schwer —
nur deutlich machen
so deutlich
daß du später noch weißt
daß du deutlich warst.
Dein Abenteuer soll es sein
nicht meins.
Erst dann wird es unsers.

Was du an Liebe brauchst
kann ich allein nicht geben.
Was ich an Liebe geben kann
ist für dich allein zuviel.

Verspätete Wahrheit

Manchmal lügt man
ohne die Wahrheit zu kennen
Als du damals gingst
lachte ich fröhlich
und sagte bedeutende Worte
über die Liebe und das Leben …
Die Wahrheit kam später:
jetzt weiß ich
daß ich traurig war.

»Gesprächstherapie«

Als ich dich plötzlich
weniger liebte –
ich weiß nicht warum –
da durfte ich es dir sagen
du hast mich verstanden
und meine Liebe wurde größer.

Dank und Bitte

Ich habe das
wunderschöne Gefühl
dir alles sagen zu können
erspare mir bitte
das Gefühl
dir alles sagen zu müssen.

Gelegenheit

Als ich glaubte
dich zu brauchen
warst du nicht da für mich.
Du hattest keine Absicht –
du warst nur frei.
Es hat mir weh getan
und das ist gut so –
Gelegenheit, zu überprüfen
wie es steht
mit meiner Freiheitsliebe.

Ratschlag

Männer
seid wie Kinder
weil ihr könnt –
sonst werdet ihr
irgendwann
wie Kinder
weil ihr nicht anders könnt!

Da erst

Sie war ganz hübsch
sie sprach nicht viel
sie kam mit ihm
ohne lang zu zögern.
Sie ging, als er nicht wollte
daß sie geht –
da glaubte er sie zu lieben.

Hat dich die Liebe so verletzt?

So kalt, wie du scheinst
kannst du nicht sein
so hart, wie du sprichst
und so gemein
so hoffnungslos
wenn du dich
jedem Gefühl widersetzt –
hat dich die Liebe
denn so verletzt?
Liebe, sagst du
ist nur Selbstbetrug
von Liebe, sagst du
hast du längst genug
ein Teil
deiner Seele, sagst du
hat irgendwann ausgesetzt –
hat dich die Liebe
denn so verletzt?

Ich hab in deinen
Augen was gesehn
ich weiß, du wirst es
mir nicht eingestehn
ein Sehnen
nach Wärme
und nach Zärtlichkeit —
ich verlaß mich darauf
und auf die Zeit!

»Erlebnis«

Sie liebte ihn — gewiß
doch er war nicht immer da
wenn sie Zärtlichkeit brauchte
und dann war da
ein anderer ...
Nicht das Erlebnis
beeinträchtigte ihre Liebe —
es war das schlechte Gewissen.

Kein Wunder…

Kein Wunder
daß es so vielen Frauen
leichtfällt
dem Werben der Männer
zu widerstehn –
Blumen lieben
sanften Regen
nicht
Wasser aus
gebrochenen Dämmen!

Moral

Ich war nie anständiger
als in der Zeit
da ich Angst hatte
zu versagen.

Liebes-Erklärung

An dich denken
so, wie jetzt:
dich weit weg
lächeln sehn
im Schlaf.
Die Hand durch die Nacht
in dein Haar schicken
und einen Kuß
wie eine Sternschnuppe
durch deinen Traum.
Die Ferne aufrollen
wie eine Schnur
an deren Ende deine Wärme ist.

So frei bist du

Du hast mir niemals
Freiheit gegeben.
Du hast mir niemals
Freiheit genommen.
Du hast mir immer
die Freiheit gelassen
die ich hatte.
So frei bist du.

Auferstehung

In deinem Lächeln
ertrinken
an meinem zärtlichen
Gefühl ersticken
und dann
leben!

Weißt du's?

Du
mit dem hellen Lachen
herübergeretteter
Kindlichkeit
mit deinen Worten
die dir von den Lippen
platzen und unversichert
in die Wahrheit
rennen —

Weißt du, wie gut
du mir tust?

Schnee von gestern

Meine Gefühle
sind vielleicht
Schnee von gestern
aber so zertreten
sind sie noch nicht
daß ich deine Spuren
nicht deutlich
erkennen kann!

Verfahren

Wenn wir uns darauf
einigen könnten
daß ich deinen Körper
begeisternd
finden darf
und du
meinen Körper
nicht bedrohlich
finden mußt –
wir wären ein Stückchen weiter
in Richtung Paradies.

Entlarvt?

Als ich dir sagte
wie sehr ich deinen Körper liebe
fragtest du:
und was ist
mit meiner Seele?
Kein noch so
gelungener Satz
hätte dir
als Antwort
genügt.
Seltsam:
als ich dir sagte
wie sehr ich
deine Intelligenz liebe
war dir deine Seele
nicht so wichtig…

Kein Grund zur Panik

Irgendwann wird auch unsere
anfangs so unsterblich
scheinende Lüsternheit
verfliegen.

Doch warum sollte
unsere Liebe
Schaden nehmen
und unsere Zärtlichkeit
nicht weiterleben?

Aus der Hitze
wird Wärme werden
und wenn uns das
nicht erschreckt
wird die Kälte
keine Chance haben.

Keine Angst dich zu verlieren

Dir und mir
soll es gutgehen
weil ich dich liebe
nicht obwohl…
was ich tun kann
will ich tun
daß kein unnützer Ballast
unsere Seelen am Fliegen
hindert.
Die Angst dich zu verlieren
habe ich abgeladen
und die Liebe zu mir selbst
ist unwiderstehlicher
Aufwind.
Flieg mit
und nichts
kann uns fangen!

Vorprogrammiert

Ganz und gar
liebenswert bist du
und hast doch Angst
der Liebe nicht wert
zu sein.
Gießt auf Flammen
so lange Wasser
bis sie nicht mehr
flackern
und glaubst
dann zu wissen:
sie waren nicht
Feuer genug.

Tagesbefehl

In die Liebe einsteigen
wie in einen Starfighter
ohne Schleudersitz
und wissen
daß der
der den Himmel
wirklich erreicht
immer weich
fällt!

Nicht schlimm!

Wenn du dich mir
gelegentlich fern fühlst
laß es lächelnd zu —
das bringt dich mir
eher wieder nahe
als wenn du darüber
erschrickst.

Gerade noch

Das Eingehen auf
diese andere Frau
brachte mich
dir näher —
und wegen dir
hätte ich fast
darauf verzichtet.

Vorher/Nachher

Kein Mensch kann
dich mir wegnehmen
solange du nicht
dich selbst
mir weggenommen hast.

Kein Mensch kann
mich dir wegnehmen
solange ich nicht
mich selbst
dir weggenommen habe.

Vorher ist Eifersucht
grundlos —
nachher
sinnlos.

Keine Angst mich zu verlieren

Wenn du mir sagst
du hast keine Angst
mich zu verlieren
weiß ich
daß du mich
wirklich liebst!

Nicht egal

Weil ich dich liebe
wird es mich immer
berühren
aber nie
beunruhigen
wenn du
mit einem anderen
Mann schläfst.

Zwiespältig

Zwischen dir gibt es
so viele Widersprüche
daß es meine Seele
in den Kampf zieht.
Mit weißer Fahne
läuft sie
zwischen deine Fronten
und hätte doch so gerne
daß die eine Seite siegt.

Warnung

Zärtlichkeit
die auf Schranken trifft
kriecht in den Kopf
und schlägt dort Purzelbäume!

Rückblick

Mit diesem Wissen
in diesen Augen
diesem Lächeln
um diesen Mund
dieser Schönheit
des Körpers und der Gedanken
dieser Selbstverständlichkeit
vertraut zu sein —
mit all dem
hättest du mich
früher
zum Schwätzen
oder
zum Schweigen
gebracht.

Mann-Kind

Wenn mir danach ist
hüpfe ich
zwei links, zwei rechts
durch leere Straßen.

Wenn mir danach ist
stürze ich
in eine Sofa-Ecke
und fühle mich
geborgen.

Wenn mir danach ist
singe ich
Maikäfer flieg
und habe
Tränen in den Augen.

Wenn mir danach ist
mache ich alles –
solange
mich keiner sieht.

Unglaubwürdig?

Du sagst ganz deutlich
du magst mich.
ich sage ganz deutlich
ich mag dich.

Woher kommt es
daß nur ich
dir glaube?

Stehen, fallen, schweben

Du sagst, daß du
mit beiden Beinen
fest auf dem Boden
der Wirklichkeit stehst —
und fällst in die Tiefe
eines unergründlichen
Lächelns …

So nimm doch
deine Beine in die Hand
und schwebe mit mir
mitten hinein
in die Möglichkeiten
die stärker sind
als die Wirklichkeit!

Mißverständnis

Endlich glaubtest du
du seist frei wie ein Vogel.
Da glaubten die Männer
du seist vogelfrei.

Dilemma

Ich gebe mir Mühe
keine Scham zu fühlen.
Ich gebe mir Mühe
mich meiner Gefühle
nicht zu schämen.

Leider verletze ich
dabei ab und zu
anderer Menschen
Schamgefühl.

Vom Fliegenfangen

Eine Fliege zu fangen
ist gar nicht so schwer.
Du mußt nur folgendes
beherzigen:

Sitzt sie so richtig schön
in Reichweite, dann
schlag nicht einfach zu —
der Luftzug
der deiner Hand
vorauseilt
rettet ihr sonst
das Leben.

Wenn deine Hand sich
sachte an sie
heranschleicht und
aus kurzer Distanz

zuschlägt
kannst du sie
vielleicht
erwischen

Manchmal ist sie müde
manchmal zu jung
dann stehn die Chancen
besonders gut.

Wenn sie fliegt
geht allerdings
gar nichts...

Frauen fliegt!

So bist du nicht

Die Katze, die mit dem
Schmetterling spielt
mit samtweicher Pfote
seine Flügel
auf die Erde
drückt
ihn mit sanftem Biß
nicht umbringt
bis er von alleine
stirbt –
die Katze wird nicht
traurig sein.

So bist du nicht!

So bin ich nicht

Der Kreisel, den du,
mit kindlicher Anmut
und schnalzender Peitsche
zum Drehen bringst
den du so lange
in Bewegung hältst
bis du lachend
zu einem anderen
Spielzeug rennst –
der Kreisel wird
taumeln, fallen
liegenbleiben.

So bin ich nicht!

Miriam Frances

Texte
die schwingen können

Miriam Frances stammt aus Schlesien, wohnt in Köln und ist oft in London und Paris. Eines ihrer berühmtesten Lieder: »60 Jahre und kein bißchen weise.« Besonders erfolgreich sind ihre Gedichte.

*Was mir einfällt**
Gedichte mit zahlreichen Motiven
72 Seiten, Ln, DM 18,–

*So ist das**
Gedichte mit zahlreichen Motiven
68 Seiten, Ln, DM 18,–

Was machen Sie, wenn es pfeift
Satiren, 192 Seiten, Ln, DM 28,–

Nur der gute Mond ist noch der alte
Gedichte, 96 Seiten, Ln, DM 22,–

* Auswahl aus diesen Bänden

Ein Liebesgedicht

Ich kann nicht von Liebe
schreiben,
nicht so, daß es dich trifft.
Es würde die Liebe vertreiben,
zwänge ich sie zu bleiben
in irgendeiner Schrift.
Ich kann nicht von dir erzählen,
nicht so, wie ich dich seh',
Die Worte, die mir fehlen,
sind nirgendwo zu stehlen,
aus keinem ABC.
Ich kann noch nicht einmal
schlafen,
du brauchst den ganzen Traum.
Hör auf, mich so zu strafen!
Sei so was wie ein Hafen
oder ein großer Raum!

Papa war ein Maler

Papa war ein Maler.
Mama eine Fee.
Deine Sprache ist das
Sternen-ABC.

Du hast Wolkenschuhe
für dein Träumeseil
und im Mitgiftköcher
einen Wortepfeil.

Regenbogenseide
schirmt dich vor der Welt,
wenn dich mal im Fallen
meine Hand nicht hält.

Geh beruhigt schlafen,
Worte decken zu.
Und vergib, ich hab nicht
Worte so wie du.

Laß uns zusammenfinden

Laß uns zusammenfinden
wie Tiere in der Nacht,
in ausgeruhten Linden
ist schon der Tag erwacht.

Wir schmiegen uns wie Flügel
ans Schulterblatt der Welt,
die uns mit langem Zügel
die Zeit vom Leibe hält.

Zünde mir alle Sterne
in deinen Augen an,
daß ich aus weiter Ferne
mich in dir finden kann.

Über uns wird zum Tempel
das alte Himmelszelt.
Wir schlafen einen Stempel
ins hohe Gras der Welt.

Ein blinder Passagier

Der Tag liegt schon im Hafen
mit schwerer Stundenfracht,
und mancher kann heut' nacht
vor Müdigkeit nicht schlafen.

Er wird die Zeit vertreiben
vielleicht mit einem Buch,
vielleicht mit dem Versuch,
nicht so allein zu bleiben.

Und alte Briefe lesen
und Jahre rückwärts drehn
und nichts so kommen sehn,
wie es bisher gewesen.

Er wird die Stadt betrachten
wie einen Gabentisch
und nach dem Lärmgemisch
bis in den Morgen schmachten.

Er wird in Fotos kramen,
die fast vergessen sind,
nach einem frohen Kind
mit einem Kosenamen,

und ein paar Tränen weinen,
die lautlos untergehn,
die auf der Seite stehn,
wo Zinsen sich vereinen.

Der Morgen wird ihn finden
wie manchen andren hier,
als blinden Passagier,
zu müde, sich zu binden.

Es gibt Tage im September

Es gibt Tage im September,
die schon älter sind als der,
die nach dem November schielen
wie ein Kind nach dem Dessert,
die zufrieden Abschied nehmen
von des Sommers vollem Bauch.
Ihre Zeit hat andre Themen,
und die meine hat sie auch.

Es gibt Tage im September,
die mehr wissen, als ich weiß,
die mich langsam gehen lehren
auf des Winters dünnem Eis,
die den Sommer noch mal zeigen
durch das Loch im Gartenzaun,
und ich seh' ihn sich verneigen
wie ein nimmermüder Clown.

Es gibt Tage im September,
die so müde sind wie Blei,
die mir die Erinn'rung nehmen
an den Monat namens Mai,
die randvoll sind mit Gewitter,
die mir sagen: Du bist alt.
Es sind Tage wie die Ritter
von der traurigen Gestalt.

Es gibt Tage im September
die für mich nicht übrig sind,
die nach mir geboren werden
so wie manches andre Kind,
die ich um Vergebung bitte,
daß ich sie nicht sehen kann.
Meine ersten, letzten Schritte
fing ich schon zu gehen an.

Warum

Meine Welt hat Flügel
und die deine nicht.
Ich kann Stille malen
und weiß ein Gedicht.

Mir gehör'n zwei Comics
und ein Hosenknopf,
und ich geh schon lange
nicht mehr auf den Topf.

Einer meiner Freunde
ist der Apfelbaum.
Aus den Zweigen pflück' ich
mir so manchen Traum.

Ich bin ziemlich weise,
rede mit dem Hund
und guck mir den Regen
an den Scheiben bunt.

Mich stört nur das Eine,
und das nicht zu knapp.
Warum sehn Erwachsne
so auf mich herab?

Während du mich liebst

Während du mich liebst,
die Zeit beiseite schiebst,
lernt ein Kind Schritte tun,
wächst eine Stadt,
schwimmt ein Flugzeug im Blau,
gehen Uhren genau,
tut das Leben, als wär'
es noch das Leben von vorher.

Hast du auch ein Kind?

Können Blumen schlafen?
Ist der Mond ein Mann?
Bindet man im Hafen
auch das Wasser an?

Fallen Sterne runter?
Wem gehört der Wind?
Gehen Wellen unter?
Hast du auch ein Kind?

Kann man Liebe malen?
Gibt es bunten Schnee?
Wie erzählt man Zahlen?
Tuen Schmerzen weh?

Krieg' ich auch mal Sorgen?
Guckt der liebe Gott?
Ist es weit bis morgen?
Gibst du mir Kompott?

Weißt du kein Gedicht mehr?
Werde ich bald groß?
Brauch' ich dich dann nicht mehr?
Warum weinst du bloß?

Hans Kruppa

In Worten wohnt die Sprache der Liebe

Hans Kruppa, Jahrgang 1952, lebt als Schriftsteller in Bremen. Von ihm gibt es Hörspiele, Märchen, Erzählungen, Gedichte.

Du lebst in mir
Ein Abend mit Dir
Mach Dir den Tag zum Freund
Das Glück ist immer unterwegs
Lichter der Hoffnung
Liebesgedichte
Lust auf Leben
Magische Momente
Nur für Dich*
Nur wer sich liebt*
Warmer Regen
Schau mal rein
Sei gut zu Dir
Unterwegs zu sich selbst
Nur für Dich*

* Auswahl aus diesen Bänden

Überzeugung

Das ist nicht der Ort,
Träume in die Wirklichkeit
zu überführen,
nicht die Zeit,
das Zeitgefühl zu verlieren,
so dachte ich noch
vor Minuten.

Jetzt lieg ich,
deiner Anziehungskraft erlegen,
urteilslos offen
und genieße
wie deine Hände zärtlich
alle Gedanken
aus meinem Kopf massieren.

In guten Händen

Freigestreichelt
hast du mich
vom Buch
in der Hand,
von fesselnden
Gedanken im Kopf.

Sanft prickelt Leben
in meinem Körper,
seit du ihn
in deine Hände
genommen hast.

Der Blick
des Liebenden
taucht alles,
was er berührt,
in Leben.

Kommt leise

Kommt leise von hinten,
lächelt in den
Spiegel überm Waschbecken
mir zu,
küßt mir
den müden Rücken wach,
kümmert sich nicht
um die Pasta
auf der Zahnbürste
in meiner Rechten —

gehe ich schon wieder
mit ungeputzten Zähnen
ins Bett!

Handkuß

Ich küsse deine Hand.
Du schaust mich an.
Früher galt dies als
Höflichkeitsbeweis.
Ich hasse abgenutzte Gesten,
aber ich liebe deine Hände.

Wer seine Glücksgefühle
nicht für sich
behalten kann,
ist wie ein Fluß,
der ödes Land
fruchtbar macht.

Berührung

Dein Lächeln tanzt
mit meinen Mundwinkeln
Entzücken,
und deine Hände legen
sich auf meine Haut
wie ein ganz leichter Vogel,
der sich vor Übermut
in einem Abendtraum verfliegt,
mit Flügeln aus Kerzenlicht.

Im scheinbar
grundlosen Lächeln
offenbart sich
die Natur der Seele.

Nähe

Wenn kein Zögern
zwischen uns steht,
und unsre Nasenspitzen
zärtlich der Nacht
das letzte Hemd stibitzen
dann finden unsre Küsse
wie von selbst
den schnellsten Weg
unter die Haut.

Verschließ dir
keine Tür,
durch die du
nicht einmal
gegangen bist.

Manchmal

Wie ein Wunder
liegst du bei mir,
liebst und atmest
Zauber in mich hinein –

Nase an Nase,
Lippen auf Lippen,
Vertrauen in Vertrauen.

Manchmal übertrifft
die Wirklichkeit
den Traum.

Wer sein
eigener Freund ist,
kennt keine
Einsamkeit.

Lust

Mein Naschbär
verspürt
wachsende Lust
auf deine
warme
Honighöhle.

Darin
ist es
so süß
daß er
vor lauter Freude
manchmal
nicht
ein noch aus
weiß.

Indem du bist

»Aufgehende Sonne«
ist mein Name für dich,
denn du erweckst
schlafende Möglichkeiten,
du erwärmst die Atemluft
der Seele,
du gibst aus vollen Händen,
manchmal mehr,
als ich aufnehmen kann:
ich fließe über
und sammle mich
in Gedichten an dich.
Du gibst,
indem du bist.
Wie gut,
daß es dich gibt.

Nur wer sich

auf den Weg macht
in sich selbst
und immer weitergeht,
wird Schritt für Schritt
von andren Menschen
immer mehr verstehen,
womöglich mehr bald
als sie selber
von sich sehen.
Wer in sich geht,
geht gleichzeitig in andere,
denn die geheime Einheit
allen Lebens
offenbart sich in der Tiefe
der Selbstentdeckung.
Jeder ist seines
Rätsels Lösung.

Nur wer sich kennenlernt,

der lernt sich lieben.
Wer fremd sich bleibt –
wie soll er sich vertrauen,
wie sich fallen lassen
in den Schoß seines Wesens?

Wie Baumstämme sich
mit zunehmender Größe
verjüngen,
wird das Herz
mit wachsender Liebe
immer kindlicher.

Es ist so wichtig

zu sich selbst zu stehen,
denn wer mit sich
in Zwietracht lebt,
der findet keinen Frieden
und keine Zeit,
sich zu vereinigen
mit dem geheimen Sinn,
der jedes Leben speist.

Wer sich nicht liebt
und nicht vertraut,
wird immer auf der Flucht
vor seinem eigenen Wesen sein,
von einem Abweg
auf den anderen geraten
und in einer Öde enden,
in der nicht einmal er
sein Freund ist.

Lobgedicht

Dich schickt der Himmel –
wenn auch mit
einiger Verspätung.
Aber nun bist du hier,
und das ist Grund genug,
den Herrn zu preisen –
und die Dame
die ihm dabei
geholfen haben muß,
unsere Liebe
auf die Welt zu bringen.

Wogegen man sich
mit übergroßem Eifer wehrt,
ist oftmals das,
was man insgeheim begehrt.

Versteckspiel

Ich suchte
mich in dir,
aber du hieltest
mich vor mir
versteckt,
denn ich
sollte zuerst
dich in mir
finden.

Adam und Eva
wurden aus dem
Paradies vertrieben.
Liebende
sind immer
dort geblieben.

Wohnwunsch

Dich verwöhnen
bis es ganz wohnlich
wird in dir,
und dann
in dich einziehen,
um zu bleiben:
mietfrei
in deinem Herzen.

Ich selbst
bin verantwortlich
für das,
was ich dir erlaube,
mit mir zu machen.

Standort

Du gehst mir nach,
du gehst mir nah,
und ich bin weit
davon entfernt,
mich von dir
zu entfernen,
stehe ich doch
zu deiner freien
Verführung.

Niemand kann
mehr geben
als das,
was er in sich
gefunden hat.

Eigenschaftsworte

Unsere Liebe
kommt aus der Seele,
geht durch
Mark und Bein,
liegt uns
am Herzen,
hat Hand und Fuß
und Köpfchen
obendrein.

Wenn du nicht
an dich glaubst,
wird es kein
anderer tun.

Erotik ohne Liebe

ist wie eine
Gitarre ohne Saiten.
Man kann so tun,
als würde man
auf ihr spielen,
aber es kommt
keine Musik
dabei heraus.

Fußnote

Du ziehst mir
den Boden unter
den Füßen weg,
und ich falle –

dir zu Füßen.

Sechzig, siebzig,

vielleicht achtzig Jahre
lebt meine Seele
in Liebeseinheit
mit dem Körper:
sie, die nichts ist
als grenzenlose Freiheit –
mit ihm,
der gebunden bleibt
in so vieler Hinsicht,
bis er sich auflöst
und seine Partnerin freigibt,
die durch ihn zu lernen hat,
selbst in Gefangenschaft
aus Liebe nicht
ihre Freiheit zu verraten,
auch wenn es alles andere
als möglich scheint.

Liebhaber der Seele

suchen die Stille
und die Abgeschiedenheit,
denn inneres Leben
entfaltet sich am liebsten
in ungestörter Außenwelt.

Wer seine Seele einlädt
und erhofft,
daß sie ihn liebevoll
umarmt und küßt,
sorge dafür,
daß er allein ist.

Wer in sich selbst
im Dunkeln tappt,
führt andere
zwangsläufig
hinters Licht.

Widerspruch

Mein Herz
ist nicht frei,
sagte ich der anderen,
aber was sage ich –

es hat sich nie
so frei gefühlt
wie in den Weiten
deiner Nähe.

Viele Leute
schaffen ein Klima,
in dem Liebe
sich nicht halten kann,
und nennen es
ihr Leben.

Abschied

Ich hab dich lieb
und muß wohl blind
vor Liebe sein,
sonst sähe ich ein,
was unumgänglich ist
aus deiner Sicht.

So kann ich nur
den Ort verlassen,
an dem ich mich
verlassen fühle,
und meines Weges gehen –
Hand in Hand
mit der Hoffnung,
daß wir uns hinter
der nächsten Biegung
wieder sehen.

Vorschlag

Laß uns zusammenkommen
und die Türen öffnen,
hinter denen
wir bequem sitzen
und an Illusionen stricken,
die der Wirklichkeit
nicht passen.

Wer die Liebe
zum Lastesel
seiner Probleme
und Ängste macht,
darf sich nicht wundern,
wenn sie störrisch wird
und nicht mehr
weitergehen will.

Liebe

Liebe —
so ein gutes Kind.
Sperr es nicht ein
in deinem Herzen,
laß es frei
und groß werden.

Erst wenn es
dir über den Kopf
gewachsen ist,
kannst du
über dich
hinaussehen.

Bekenntnis

Mein Herz glaubt
immer noch an Wunder,
sonst hätte es längst
die Wirklichkeit
zu seiner Religion gemacht.

Was du verlangst,
macht dich zum Bettler.
Was man dir gern gibt,
macht dich reich.

Lyrischer Striptease

Sie zieht sich aus.
Ganz langsam.
Erst das Halstuch.
Dann die Bluse.
Dann die Jeans.
Jetzt der Slip.
Und zuletzt die Uhr.

Sie lächelt.
Es macht ihr Spaß,
sich für ein Gedicht
auszuziehen.

Dies eben

Dies eben,
als meine Hand sich
mutig zu dir tastete,
war ein Versuch,
die unsinnige Mauer
zwischen uns
aufzuheben.

Ich weiß,
selbst mit Berührungen
lassen sich Mauern bauen –
Judas verriet Jesus
mit einem Kuß.

Dies eben
war ein Durchbruch,
ein kleiner Sieg
über den Irrtum.

Herbstabend

Du liest in einem Buch.
Ich schaue dich an
und muß lächeln.
Herbstwind drückt gegen
die Fensterscheibe,
die Bäume verlieren
ihre letzten Blätter.
Das Buch unsrer Liebe
gewinnt von Tag zu Tag.

Wer das Leben liebt,
dem schenkt es alles,
was er braucht —
und mehr.

Logisch

Ich lieg jetzt
einfach hier
und mag mich,
sagst du.

Und ich lieg
neben dir
und mag mich.

Was Wunder,
daß wir uns mögen.

Und richtig
mit uns liegen.

Weg

Du das eine,
ich das andere Ufer,
zwischen uns der Fluß,
der Weg —
eine Bewegung
ins Uferlose.

Liebe ist
eine große Kunst.
Sie zu erlernen
erfordert oft mehr,
als man gemeinhin
bereit ist zu geben.

Liebe ist Hingabe,
und Hingabe heißt,
den anderen frei
spielen zu lassen
auf dem Instrument
der eigenen Gefühle –
und eins zu werden
mit der Musik,
die daraus entsteht.

Wer im Land
der Liebe wohnt,
verreist nicht gern.

Inhalt